chibi

MARTINA PETERS

CARLSEN MANGA!

EMOTIONAL

WIE ENTSTAND EIGENTLICH... eMOTIONAL

Hallo, ihr Lieben!

Ihr habt euch sicher schon einmal gefragt, wie so eine Manga-Story eigentlich entsteht.
Nun, da gibt es viele Möglichkeiten...

Gute Ideen kommen mir beim **Musikhören**. Meistens ist es dann ein **gutes Lied**, das sich fortan in einer Dauerschleife befindet, bis ich die groben Umrisse der Geschichte aufgeschrieben habe.

Manchmal entwickle ich auch nur einen **Charakter**, der mir besonders gut gefällt, und bastle dann eine Story um ihn herum.

Das Problem bei diesen Methoden ist allerdings (zumindest bei mir...):

Es sind immer Geschichten, die viel zu lang werden! Völlig unbrauchbar für einen CHIBI-Manga...

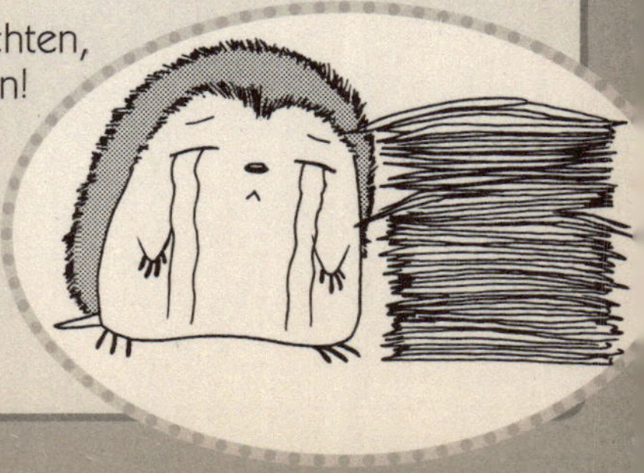

Also habe ich etwas Neues ausprobiert.

Ich habe mir **Hilfe** geholt!

Glücklicherweise kenne ich eine großartige **Kurzgeschichtenautorin**, die mich sogleich...

... mit Ideen versorgte.

Eine dieser Ideen gefiel mir besonders gut und gemeinsam machten wir uns an die Ausarbeitung der Story.

So entstand **E-MOTIONAL**, welches ich sogleich dem verantwortlichen Redakteur vorstellte (denn ohne sein O.K. geht gar nichts).

Wie ihr sehen könnt, hat es ihm gefallen, also ging es an die Arbeit.

Fazit? Weiter kommt, wer sich seine Schwächen eingesteht und um Hilfe bittet. ;)

Eine namenlose Seele
... geht beim Überbringen an ihren zugedachten Körper verloren. Jade findet sie...
Jade
... bewegt sich hauptsächlich in der virtuellen Welt des Internets. Freunde hat er nur dort und auch sonst interessiert ihn wenig im realen Leben. Bis jetzt...
DIE CHARAKTERE

Nach einer Idee von

Anne Maren Delseit

eMOTIONAL

Jedes Lebewesen besitzt eine Seele.
Wenn sein Leben endet, kehrt die Seele zurück zu ihrem Ursprung, um über das vergangene Leben nachzudenken und sich auf ein neues vorzubereiten.

Wenn die Seele schließlich bereit ist, ein neues Leben zu beginnen, kümmern sich die himmlischen Boten um eine sichere Reise... das sind die Seelenbringer.

Gewissenhaft und
pflichtbewusst
bringen sie die sicher
verpackten Seelen
zurück in die Welt
und liefern sie an
ein neugeborenes
Wesen, das auf sie
wartet...

WUUUSCH
BAMM!
Allerdings...

JADE?!
ZZZ
...
wissen manche Beschenkte ihre Seele nicht immer zu schätzen
...

HU AAR GH!
BAMM !!
SCHLÄFT ER SCHON WIEDER?
KLAPP!
Freak!
HOHO!
So ein Trottel!
Haha!

UNS FEHLT NOCH EIN MANN AUF DEM PLATZ! HAST DU LUST?
Lass doch den Internet-junkie!
HEY JADE!
RIIIING
DEINE CYBER-FREUNDE WARTEN MAL WIEDER, WAS?!
Den fragen wir nicht mehr!
War doch klar!
NEE, LASS MAL. ICH MUSS NACH HAUSE!
NICHT SO SCHNELL, JADE!
DU BIST NUN SCHON ZUM DRITTEN MAL IN MEINEM UNTERRICHT EINGESCHLAFEN.
ICH GLAUB, ICH MUSS HÄRTER DURCHGREI-FEN...

DER BLÖDMANN BRAUCHT DOCH NUR JEMANDEN, DER DEN SCHULHOF KEHRT!
SEUFZ!
TOCK!
HÄRTER DURCH-GREIFEN ...
PAH!
ICH HAB KEINE LUST!
So viel Dreck...

Viel später...
NA TOLL! ES WIRD SCHON DUNKEL. DER GANZE TAG WAR FÜR'N ARSCH! MEIN MAILFACH QUILLT BESTIMMT SCHON ÜBER...
NA, DAS WIRD EIN LANGER WEBLOG-EINTRAG...
?!
EIN KÄSTCHEN...

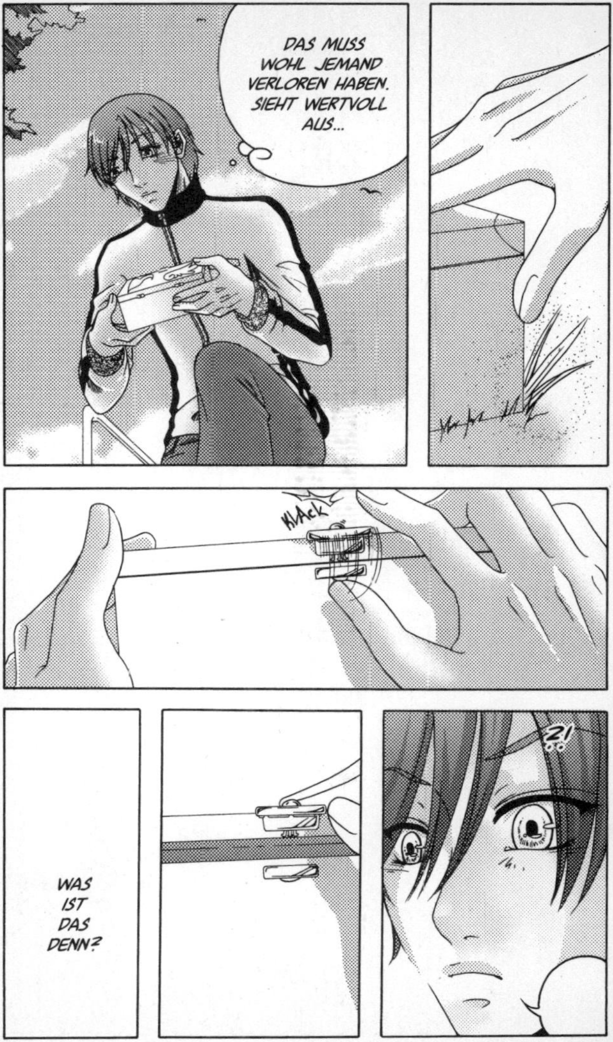
DAS MUSS WOHL JEMAND VERLOREN HABEN. SIEHT WERTVOLL AUS...
KLACK
WAS IST DAS DENN?
?!

WAS IST DAS BLOSS?
?!

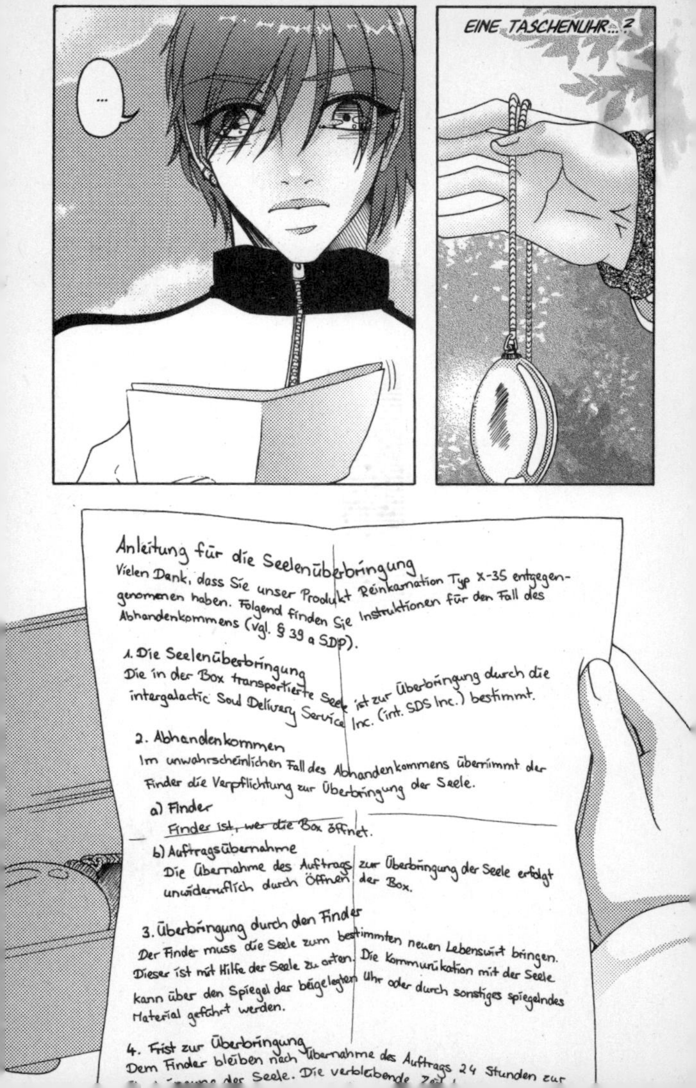

EINE TASCHENUHR...?
...
Anleitung für die Seelenüberbringung
Vielen Dank, dass Sie unser Produkt Reinkarnation Typ X-35 entgegengenommen haben. Folgend finden Sie Instruktionen für den Fall des Abhandenkommens (vgl. § 39 a SDP).
1. Die Seelenüberbringung
Die in der Box transportierte Seele ist zur Überbringung durch die intergalactic Soul Delivery Service Inc. (int. SDS Inc.) bestimmt.
2. Abhandenkommen
Im unwahrscheinlichen Fall des Abhandenkommens übernimmt der Finder die Verpflichtung zur Überbringung der Seele.
a) Finder
Finder ist, wer die Box öffnet.
b) Auftragsübernahme
Die Übernahme des Auftrags zur Überbringung der Seele erfolgt unwiderruflich durch Öffnen der Box.
3. Überbringung durch den Finder
Der Finder muss die Seele zum bestimmten neuen Lebenswirt bringen. Dieser ist mit Hilfe der Seele zu orten. Die Kommunikation mit der Seele kann über den Spiegel der beigelegten Uhr oder durch sonstiges spiegelndes Material geführt werden.
4. Frist zur Überbringung
Dem Finder bleiben nach Übernahme des Auftrags 24 Stunden zur

WAS FÜR EIN BLÖDSINN!
KLAPP!
ICH BRING'S MORGEN ZUM FUNDBÜRO.

BIN WIEDER DA!
KLACK
Hallo Jade!
Bin schon zur Arbeit.
Essen steht im
Kühlschrank.
Hab Dich lieb!
Mama
ACH, MUM...

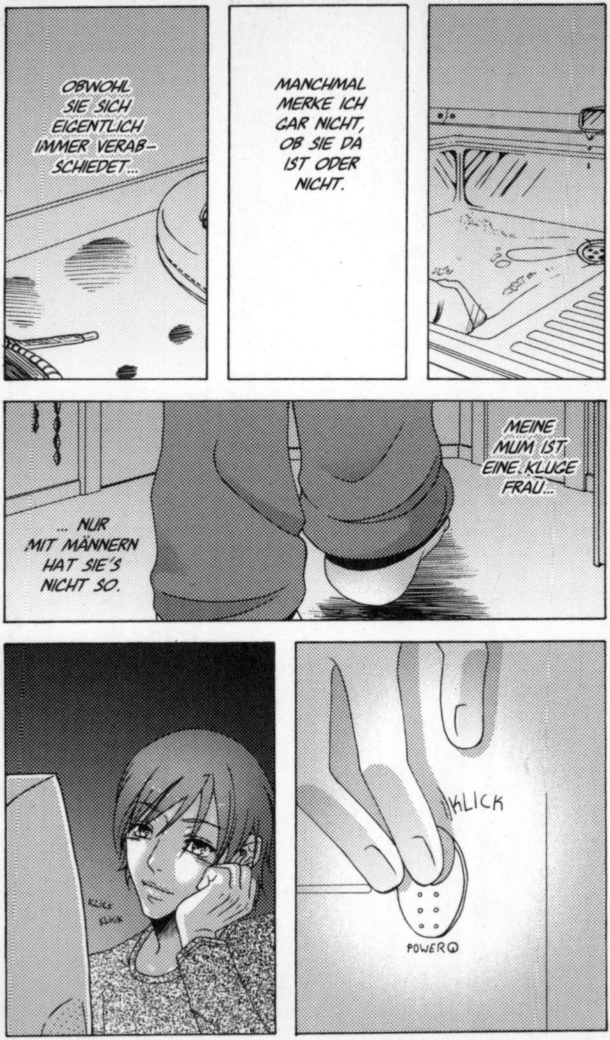
MANCHMAL MERKE ICH GAR NICHT, OB SIE DA IST ODER NICHT.
OBWOHL SIE SICH EIGENTLICH IMMER VERAB-SCHIEDET...
MEINE MUM IST EINE KLUGE FRAU...
... NUR MIT MÄNNERN HAT SIE'S NICHT SO.
KLICK
POWER
KLICK KLICK

HÄ? HAT MICH KEINER VERMISST?
Keine neue Mail
OK
Übertragung vollständig
SONST WIRD DER SCHULHOF NOCH ZU SAUBER...
HMPF! ICH SOLLTE SOWIESO FRÜH INS BETT.
?!

WAS...?!
...

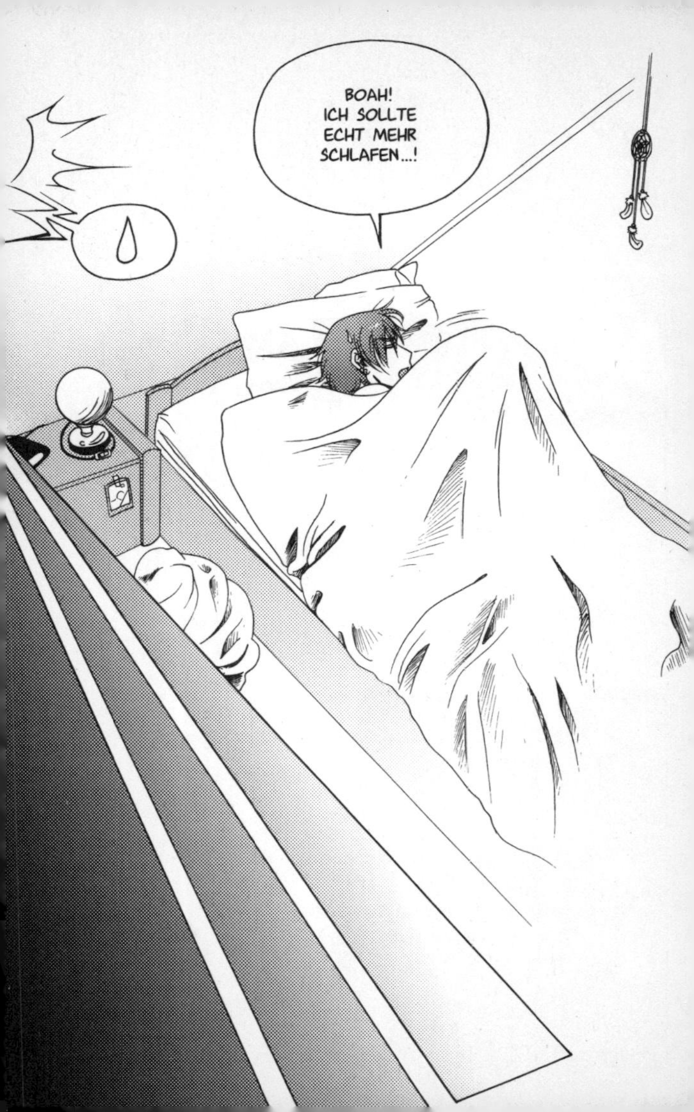
BOAH!
ICH SOLLTE
ECHT MEHR
SCHLAFEN...!

GUTEN ...
GÄHN
... MORGEN! ES IST HALB ACHT UND IHR HÖRT ...
TOCK TOCK
?!

UAAH!
TOCK
TOCK
DU... DU BIST JA IMMER NOCH DA...
NATÜRLICH BIN ICH NOCH DA!
HMPF!
SCHLIESS-LICH STECKE ICH IN DEINEM KÖRPER...

DEIN BLICK GEFÄLLT MIR GAR NICHT!
KOMM NICHT AUF DIE IDEE, WIEDER EINZU-SCHLAFEN!
...
IST ETWA SCHON WOCHEN-ENDE...?
JA, HEUT IST SAMSTAG. HAST DU GAR KEIN ZEITGEFÜHL?
OKAY! GUTE NACHT!
HEY!

WIESO?! NERVST DU MICH SONST ZU TODE?!
WENN DU DEINEN HINTERN NICHT BALD AUS DEM BETT BEWEGST, WIRD DAS BÖSE FÜR DICH ENDEN!
FALSCH! WENN DU NOCH EIN PAAR STUNDEN SCHLÄFST, BIST **DU** NICHT MEHR DA!
DURCH ÜBERMÜDUNG ENTSTEHEN HALLUZINATIONEN...
... ALSO SCHLAFE ICH NOCH EIN PAAR STUNDEN, DANN BIST DU NICHT MEHR DA.

IDIOT!
DAS IST MEIN ERNST!
MACHST DU WITZE?!
ICH BIN EINE SEELE UND SOLLTE EIGENTLICH WIEDERGEBOREN WERDEN.
ICH WAR AUF DEM WEG ZU MEINEM NEUEN KÖRPER...
... DAS HEISST, EIN SEELEN-BRINGER SOLLTE MICH DORTHIN BRINGEN.
DOCH IRGENDETWAS MUSS SCHIEFGEGANGEN SEIN...

DAS KÄSTCHEN GING VERLOREN...
... UND ALS DU ES GEFUNDEN UND GEÖFFNET HAST, BIN ICH IN DEINEN KÖRPER GEFAHREN.

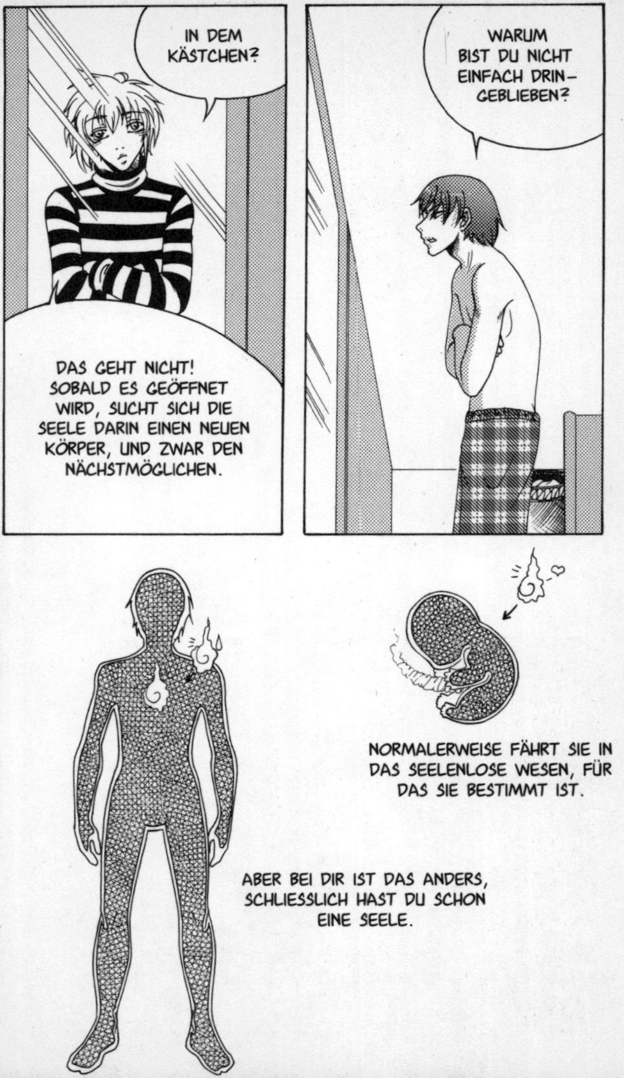
IN DEM KÄSTCHEN?
DAS GEHT NICHT! SOBALD ES GEÖFFNET WIRD, SUCHT SICH DIE SEELE DARIN EINEN NEUEN KÖRPER, UND ZWAR DEN NÄCHSTMÖGLICHEN.
WARUM BIST DU NICHT EINFACH DRIN-GEBLIEBEN?
NORMALERWEISE FÄHRT SIE IN DAS SEELENLOSE WESEN, FÜR DAS SIE BESTIMMT IST.
ABER BEI DIR IST DAS ANDERS, SCHLIESSLICH HAST DU SCHON EINE SEELE.

ALSO TEILEN WIR UNS JETZT DEINEN KÖRPER, BIS WIR MEINEN RICHTIGEN GEFUNDEN HABEN.
UNS BLEIBT ALLERDINGS NICHT MEHR VIEL ZEIT.
DIESE 24 STUNDEN, VON DENEN IN DEM BRIEF DIE REDE IST?
HMM...
GENAU! UND DA DU EIN PAAR DAVON VERSCHLAFEN HAST, WIRD ES LANGSAM KNAPP!
MOMENT MAL...
... WENN ICH'S NICHT RECHT-ZEITIG SCHAFFE...

POCK
WAS MACHST DU DENN DA?
RÜMPEL
Konsequenzen bei nicht-fristgerechter Überbringung
Kann der Lebenswirt der Seele nicht rechtzeitig gefunden
werden, verdrängt die zu überbringende Seele die Seel
des Finders. Diese kehrt unbeschadet zur Zentrale
der int. SDS Inc. zurück und kann währe
prozesses entsprechende Entschädigungen
§401 Abs. 1 S. 1 SDP geltend machen.
Viel Erfolg
...
MIST!

VERSCHWINDE SOFORT AUS MEINEM KÖRPER!
ICH WILL NICHT STER-BEN!!
DAS GEHT NICHT.
DURA LEX SED LEX!
(Lat.: »Das Gesetz ist hart, aber es ist das Gesetz!«)
DURA... WAS?
BILDUNG VS. COMPUTER 1:0

Ein paar Minuten später ...
ICH SEH VOLL TUNTIG AUS!
UNSINN! DAS SIEHT GUT AUS!

EINE SCHANDE, SO WAS IM SCHRANK VERGAMMELN ZU LASSEN!
WENN DU MEHR AUF DEIN ÄUSSERES ACHTEN WÜRDEST, KÄMST DU AUCH BEI DEN MÄDELS BESSER AN.
DAS SAGT DER RICHTIGE, EMO-BOY!
ICH KANN NICHTS DAFÜR, DASS ICH SO AUSSEH!
JA, NATÜRLICH...
SO SOLLTE ICH IHN NENNEN... EMO...
GEHEN WIR!

SPÜRST DU SCHON WAS?
NEIN, DAS WESEN...
... IST NICHT IN DER NÄHE.
UND WIR HABEN NICHT MEHR VIEL ZEIT.

BIS HEUTE ABEND MÜSSEN WIR EMOS KÖRPER GEFUNDEN HABEN.
SONST SEH ICH ALT AUS...
GUT, DASS ER SEINEN NEUEN KÖRPER IMMER BESSER SPÜREN KANN, JE SPÄTER ES WIRD.
WO ER BLOSS IST?
... SEIN KÖRPER...
ICH WÜSSTE GERN, WIE ER AUSSIEHT...

HMM...
PROBIE
SIE!
ICH WOLLTE NUR TESTEN, WIE GUT ICH MICH SCHON BEWEGEN KANN.
BÄÄH!! WAS SOLL DAS DENN?!
DU MACHST MIT MEINEM KÖRPER GAR NICHTS!
DU DICH?! DU HAST SIE WOHL NICHT ALLE?!

ER SOLL SICH LIEBER KONZENTRIEREN UND SEINEN KÖRPER FINDEN!
DAS WAR SCHON DAS DRITTE MAL! SO EIN MIST!
STATTDESSEN FÄNGT ER AN, UNSINN ZU MACHEN...
tock
IRGENDWIE KOMMT ES MIR SO VOR, ALS SEI MEIN KÖRPER EIN VIEL ZU GROSSER PULLOVER...
AMD
... UND EMO WÄCHST LANGSAM REIN...

?!
JADE!!
JENNY...
DASS ICH DICH MAL IN DER STADT TREFFE...
JA, PASST NICHT ZU EINEM COMPUTER-JUNKIE, WAS?!

DU KÖNNTEST RUHIG MAL NETTER SEIN!
SO MEINTE ICH DAS NICHT... TUT MIR LEID... ICH...
NICHT JEDER WILL DIR WAS, NUR WEIL ER DICH ANSPRICHT...!
WARUM WIRST DU DENN GLEICH SO PATZIG?!
VIELLEICHT MAG SIE DICH JA SOGAR...?!
ACH, HALT DIE KLAPPE!
OH, OH...
• • • •

JETZT HAT SIE DAS AUF SICH BEZOGEN. LOS, IHR NACH!
TOLL GEMACHT, JADE!
NEIN!
E-ENTSCHULDIGE... ICH WOLLTE NICHT...
SIE RENNT BESTIMMT ZU IHREN FREUNDINNEN UND DANN LÄSTERN SIE ÜBER MICH.
DIE VERARSCHEN MICH DOCH SO- WIESO ALLE NUR. FÜR DIE BIN ICH EIN FREAK.
UND GEMEIN BIST DU AUCH!
MIR EGAL!
WEISST DU WAS? DU BIST EIN FREAK!

Mama Hd
MEINE MUM?
DU DAELDI DUDAELDIO
WAS WILL DIE SCHON WIEDER?!
HALLO?
JADE? WO BIST DU DENN?
IN DER STADT.
WOW! SO WAS!
»WOW«?
DENKST DU DRAN, DASS WIR HEUTE ABEND ESSEN GEHEN? UM ACHT UHR?

OCH NÖÖ! MUSS DAS AUSGERECHNET HEUTE SEIN?!
BITTE, JADE! LETZTEN SAMSTAG HAST DU AUCH SCHON ABGESAGT!
SEUFZ...
NA GUT, WENN'S SEIN MUSS...
DANKE, SCHATZ! ♥
KLAPP
MANN! ALS HÄTTE ICH NICHT SCHON GENUG ÄRGER...
...

WOHIN JETZT?
KEINE AHNUNG...
WAS SOLL DAS HEISSEN, »KEINE AHNUNG«?!

DU BIST ABSOLUT UNAUSSTEHLICH!
DU WILLST DOCH IMMER NUR VOR DEM PC ABHÄNGEN!
DAS SOLL HEISSEN, ICH WERDE DIR NICHT MEHR HELFEN!
DEINE MUTTER ARBEITET HART, AUCH FÜR DEINEN LEBENS-UNTERHALT. UND SIE MÖCHTE NUR, DASS DU EIN BISSCHEN ZEIT MIT IHR VERBRINGST. ABER DU DENKST NUR AN DICH UND MECKERST NUR RUM!
DU HAST KEINE AHNUNG, WIE VIEL GLÜCK DU HAST, DU UNDANKBARER TROTTEL!

ICH WERDE EIN BESSERER JADE SEIN, ALS DU ES JEMALS WARST!
LASS MICH HIER RAUS!
VERGISS ES, JADE!
HEY!! WAS SOLL DAS?!

DEINE ZEIT IST EH BALD UM. DU KANNST ES IN EINEM NEUEN LEBEN NOCH MAL VERSUCHEN!
ICH HAB KEINE LUST MEHR, MEINEN NEUEN KÖRPER ZU SUCHEN.
MAN WEISS JA NICHT, WO MAN HINEIN-GEBOREN WIRD.
SO HABE ICH EINE LIEBEVOLLE MUTTER, DIE SICH UM MICH KÜMMERT.
RASCHEL
UND ICH MUSS DEN GANZEN MIST MIT KINDHEIT UND PUBERTÄT NICHT MEHR MITMACHEN.
HI HI HI HI ♥
HM?

WHACKER
...
UND DAS UN-GEBORENE BRAUCHT DEINE SEELE ...
SIND SIE DAS?
DAS SIND DOCH DEINE NEUEN ELTERN, ODER?!
EMO...?
WIE LIEBEVOLL SIE MIT-EINANDER UMGEHEN...

ER HAT GROSSE, STARKE HÄNDE, DEIN... VATER...
BIST DU SICHER, DASS DU SIE NICHT WILLST...
... DIESE FAMILIE?
ICH BENEIDE DICH, EMO...
... MIT IHNEN WIRD ER DICH BESCHÜTZEN.
... ER WIRD DICH NIEMALS SCHLAGEN!

SWUUUSCH!!
ICH WAR DUMM... ODER...?

LEB WOHL, JADE!
ICH MUSS MEIN EIGENES LEBEN LEBEN!
LEB WOHL!
AH! ES HAT GETRETEN!
... UND VIEL GLÜCK!
LEB WOHL, EMO...

SEIN EIGENES LEBEN...
ICH HÄTTE MEINES BEINAHE VERLOREN...
... ALS SICH NUR HINTER DEM COMPUTER ZU VERKRIECHEN!
HEY JUNGS!!
»LEBEN« BEDEUTET WEIT MEHR...

FEHLT EUCH IMMER NOCH EIN MITSPIELER?
KLAR!
?!
... ABER HEUTE IST DER ERSTE TAG MEINES NEUEN LEBENS!
Hi Mum! Sag den Tisch heute ab! Ich koch uns zu Hause was. LG! Jade
OH?!
ES WIRD NICHT EINFACH, ALLES ZU VERÄNDERN...

ENDE

MANGA FÜR DIE HOSENTASCHE

chibi

CHIBI ist Japanisch und bedeutet »klein, niedlich«. In der zweiten Box gibt es diese sechs tollen Kurzgeschichten:

Twins Love Panic

von Dörte Dettlaff

Die Zwillinge **Kitty** und **Katt** sind ein Herz und eine Seele. Eines Tages ist Katt auf einer Zeitschrift als **Cover-Model** abgebildet. Ihr Vater findet das gar nicht witzig. Katt behauptet nun, Kitty wäre das auf dem Foto. Dieses **Verwirrspiel** hat weitgreifende Folgen, denn da ist der süße **Leo**, der sich für das Mädchen auf dem Cover interessiert...

Überall, wo's Manga gibt!
Nur € 1,95!

STRIKE BACK

von Olga Rogalski

Mädchen und Jungen sprechen **verschiedene Sprachen**! Das bekommt besonders **Emmelie** zu spüren. Sie hat sich in ihren Mitschüler **Patrick** verliebt. Der scheint aber kein anderes Hobby zu haben, als sie ständig und überall zu **ärgern**. Doch dann eskaliert die Situation zwischen den beiden und Emmelie gerät in **Gefahr**...

Überall, wo's Manga gibt!
Nur € 1,95!

KENSEI

von Christian Pick

In einer der renommiertesten Schulen Japans wird der junge **Miyamoto Yamamoto** von seinem Großvater zum **Kämpfer** ausgebildet. Das große Ziel des ungestümen Samurai: einmal die **Zwillingsschwerter** beherrschen zu können. Eines Tages werden die sagenumwobenen Schwerter gestohlen und Miyamoto wird auf die gefährliche **Mission** geschickt, den dreisten **Dieb** zu stellen...

Überall, wo's Manga gibt!
Nur € 1,95!

Dieser Chibi beginnt nicht auf dieser Seite. »E-MOTIONAL« ist ein Comic nach japanischem Vorbild, und in Japan wird von »hinten« nach »vorn« und von rechts nach links gelesen. Also müsst ihr auch diesen Chibi auf der anderen Seite aufschlagen und von »hinten« nach »vorne« blättern. In der Grafik nebenan könnt ihr sehen, wie ihr die Sprechblasen lesen müsst. Viel Spaß!

www.carlsenmanga.de
www.carlsen-chibi.de

CARLSEN COMICS
1 2 3 4 10 09 08 07
Originalausgabe
Chibi Nr. 010

E-MOTIONAL
by M. Peters & A. Delseit

Redaktion: Jonas Blaumann
Herstellung: Tobias Hametner
Lettering: Ohrtwork
Druck und buchbinderische Verarbeitung: Ebner & Spiegel, Ulm

ISBN 978-3-551-66010-7

Printed in Germany